THÈSE

DE

LICENCE.

ACTE PUBLIC

POUR

LA LICENCE

En exécution de l'Article 4, Titre 2, de la Loi du 22 Ventôse an XII.

SOUTENU

Par **M. CARLES** (Emile),

Né à Toulouse (Haute-Garonne).

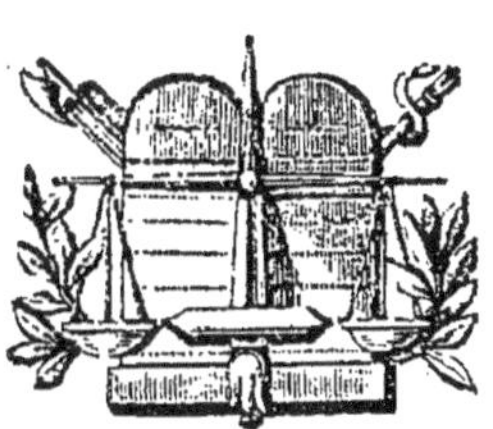

TOULOUSE,

Typographie Troyes OUVRIERS RÉUNIS,
Rue Saint-Pantaléon, 5.

—

1861.

MEIS.

Jus Romanum.

___

De jurejurando.

Livre XII, Titre II. — Dig.

Juramentum est voluntarium, sive necessarium, sive judiciale. — Est juramentum voluntarium, quod parti, ab altera parte, defertur in judicio, vel extra; necessarium quod refertur ei qui detulerat : judiciale, quod a judice defertur.

§ 1.

Juramentum quacumque actione quis conveniatur proficiet; ad pecunias et ad omnes res enim locum habet; heredi tamen ejus cum quo contractum habui juramentum deferre nequeo, quia probabilem ignorantiam allegare potest ejus rei de quâ jusjurandum defertur. Quum, et suscepto jurejurando, decidantur controversiæ, hi soli juramentum deferre possunt, iisque solis referri potest, quibus alienandarum rerum potestas est.

Qui in fraudem creditorum jusjurandum detulit debitori, adversus exceptionem jurisjurandi , replicatio fraudis creditoribus debet dari. Præterea si fraudator detulerit jusjurandum creditori , ut juret sibi ducem dari oportere, mox bonis ejus venditis, experiri volet, aut denegari debet actio , aut exceptio opponitur fraudatorum creditorum. (L. 9. § 5, h. t.)

Pupillo, sine auctoritate tutoris jusjurandum deferre non licet; quod, si sine tutore auctore detulerit, exceptio ei obstabit, sed replicabitur, quià rerum administrandarum jus ei non competit.

Simili ratione, prodigus, si deferat jusjurandum audiendus non est. Audiendi contrà, tutor pupilli aut curator furiosi prodigive, procurator omnium bonorum, cui id ipsum nominatim mandatum est , qui in rem suam est. Filiusfamilias , aut servus , jusjurandum deferentes, aut ipsi referentes, conditionem eorum quibus subjecti sunt, non faciunt deteriorem.

§ 2.

Delatum jusjurandum, habet in se talem effectum, ut is cui delatum est, debet aut jurare, aut adversario qui detulit, referre. Alioquin causa cadit. Manifestæ turpitudinis, et confessionis est, nolle nec jurare, nec jusjurandum referre.

Datur autem, alia facultas reo, ut si malit, referat jusjurandum; et si is qui petet, conditione jurisjurandi non utetur judicium ei prætor non dabit : æquissimè enim hoc facit, cum non deberet displicere conditio jurisjurandi ei, qui detulit. (L. 34, h. t.)

Cum reo jusjurandum defertur , referturve , habet in actorem exceptionem jurisjurandi, adversus quam replicatio doli mali non debet dari, cum prætor id agere debet, ne de jurejurando quæratur (L. 15, f. *De exceptionibus*); non debet dari, etiamsi post jusjurandum exactum, nova instrumenta se invenisse dicat actor, quibus eamdem causam retractare possit.

Jurejurando actori delato, vel relato, si juraverit, vel ei remissum si sacramentum, ad similitudinem judicati. actio ei competit in factum (L. 8, Cod. l. 4, tit. 1), in qua hoc solum quæritur, an juraverit dari se oportere (L. 9, h. t.)

Dato jurejurando non aliud quæritur quam an juratum sit, omissa quæstione an debeatur, quasi satis probatum sit, jurejurando (L. 5 § 2 h t.).

Nihil in hoc effectu jurisjurandi, inelegantis inest, naturalem æquitatem sequitur. Quid enim tam congruum fidei humanæ, quàm ea, quæ inter eos homines placuerunt servare (l. 1 *de pactis*).

Cùm sit jusjurandum utriusque voluntatis effectus, id est tacitum pactum, nullumque sit pactum sine duorum in idem placitum consensu; qui jusjurandum intulit, needum eo præstito, postea allegationibus abundantibus, revocare potest (l. 11, lib. 4, tit. 1 Code). Nemini autem licere, penitus iterum, ad sacramentum recurrere, haud dubium est. Cui sacramentum intulerit, cum paratus esset adversarius jurare, nullo modo revocare juramentum et iterum ad probationes venire, haud concedimus ; quidque eo tantum genere dissolvere quo colligatum est, nihil tam naturale ; nudi consensus nostra obligatio, contrario consensu utriusque solùm, dissolvitur. Potest tamen, qui detulit, remittere jusjurandum, adversario gratiam facere, contentus voluntate suscepti jurisjurandi, tum pro eo habetur res atque si juratum esset.

Eo quod sacramentum, in se habet tacita conventio, ante omnia animadvertendum, ne in alia re factum, aut cum alia persona, in alia re, aliave persona noceat (l. 27 *de pactis*). Simili modo, alteri nec nocet, nec prodest (l. 3 h. t.). Attamen in duobus reis stipulandi, ab altero delatum jusjurandum etiam alteri nocebit. Nam jusjurandum etiam loco solutionis cedit (l. 27, 28, h. t.).

Cùm dato jurejurando non aliud quæratur quam an juratum sit, qui detulit jusjurandum, si se captum adversarii dolo dicat, probatione facta, restituetur.

Idem, si minor detulerit, et hoc ipso captum se dicat, adversus exceptionem jurisjurandi, replicari debebit; hanc replicationem non semper danda esse, sed prætor debebit cognoscere an captus sit, et sic in integrum restituere ; nec enim utique qui minor est, statim se captum docuit (l. 9, § 4. h. t.).

Juramentum judiciale.

Jusjurandum judiciale vel suppletorum a judice deferri non potest nisi in dubiis causis, cum dubius est ob minus plenas probationes allatas ; nisi, res decidi possit, inopia probationum ; nisi, causa cognita, inspectis personarum, et causæ circumstantiis. Juramentum judiciale a judice tantum defertur, reo, vel actori ; et ab eo cui defertur, referri adversario non potest.

Juramentum in litem ab judice defertur, justa rei probatione ab actore facta, tanti quanti res interest æstimandi causa. Non ab judice doli æstimatio ex eo quod interest sit, sed ex eo quod in litem juratur (l. 64, ff. *de Jud.*). Aut juratur in infinitum, aut judex potest præfinire certam summam usque ad quam juretur.

POSITIONES

I. Num filiusfamilias, aut servus peculii liberam administrationem habens, si jusjurandum detulerint, exjuratum sit, danda est actio de peculio quasi contractum sit ? — Danda.

II. Quod reus juravit, proficitne fidejussori ? — Proficit.

III A fidejussore exactum jusjurandum prodestne etiam reo ? — Prodest.

Code Napoléon.

De l'acceptation et du partage de la communauté.

Liv. III , Sect. IV.

(Art. 1455 , à 1495).

A la dissolution de la communauté , de quelque manière qu'elle arrive , la femme a la faculté d'accepter ou de renoncer ; ses héritiers universels jouissent, chacun individuellement et pour leurs portions héréditaires , de ce même droit d'option. Toute convention qui porte atteinte à ce droit de la femme ou de ses représentants , est nulle , comme violant un principe d'ordre public. Si ce droit d'option appartient toujours , et nonobstant toute convention contraire , à la femme et à ses héritiers, il n'appartient jamais ni au mari ni à ses ayants-cause.

L'acceptation de la communauté est expresse ou tacite. Expresse , quand elle résulte d'un acte authentique, ou sous-seing privé; tacite, lorsqu'elle se déduit d'un fait, que la femme n'a pu accomplir qu'en qualité de co-propriétaire des biens communs, ou lorsque , présumée acceptante par la loi , elle laisse expirer les délais sans renoncer Les actes d'administration n'impliquent jamais une acceptation de communauté. — La renonciation expresse se fait au moyen d'une déclaration, inscrite au greffe, sur le registre des renonciations aux successions.

Nous verrons , ultérieurement , qu'il y a renonciation tacite, quand la femme , présumée renonçante par la loi, laisse passer sans accepter, les délais fixés pour son acceptation. — L'option, une fois faite , est irrévocable , à moins qu'elle ne soit la suite d'un dol de la part des héritiers du mari. La femme qui a diverti ou recélé des objets de la communauté , est par ce seul fait irrévocablement commune ; elle est coupable de vol si ce détournement est postérieur à la renonciation.

Les créanciers personnels de la femme ou de ses représentants peuvent attaquer la renonciation qu'elle a faite en fraude de leurs droits et accepter la communauté de son chef.

Quel est le délai qu'a la femme pour accepter ou répudier ? Nous distinguerons deux cas : 1º la communauté est dissoute par la mort du mari; 2º elle l'est par la séparation de corps ou de biens.

Dans la première hypothèse, comme la femme se trouve nantie de la communauté, dont elle pourrait facilement détourner une partie, la loi la présume acceptante, et ne lui permet de renoncer que si elle fait faire, dans les trois mois qui suivront la mort du mari, un inventaire fidèle et exact, qu'elle devra déclarer tel lors de sa clôture. En outre du délai de trois mois pour faire inventaire, délai qui peut, sur sa demande, être prolongé par le juge, ouïs les héritiers du mari, elle en a un autre de quarante jours pour délibérer. La femme qui n'a pas renoncé ou fait dresser un inventaire dans les trois mois, est réputée commune et déchue de la faculté de renoncer. A-t-elle fait inventaire, elle peut pendant trente ans renoncer à toute époque, pourvu qu'elle ne se soit pas immiscée, ou qu'il n'existe pas contre elle de jugement passé en force de chose jugée, auquel cas elle est irrévocablement acceptante.

Lorsque la femme vient à mourir avant l'expiration des trois mois, sans avoir fait, ou terminé l'inventaire, ses héritiers ont pour le faire ou le terminer un nouveau délai de trois mois et de quarante jours, à compter de son décès, et de quarante jours pour délibérer, à compter de la clôture de l'inventaire. Meurt-elle après avoir terminé l'inventaire, ils ont pour délibérer quarante jours, à compter de son décès. Mais comme ils ont trois mois pour faire inventaire de la succession de la femme, ils ne peuvent être contraints à opter sur la communauté avant trois mois et quarante jours, à moins qu'ils n'aient accepté l'hérédité avant les trois mois, auquel cas le délai de quarante jours courra à partir de leur acceptation.

Quand la communauté est dissoute par la séparation de corps ou de biens, la femme est, au contraire, présumée renonçante; et si elle n'a pas accepté la communauté dans les trois mois et quarante jours, à compter du moment où le jugement qui a prononcé la séparation a acquis l'autorité de la chose jugée, elle devient étrangère à la communauté, à moins qu'elle n'ait obtenu en justice la prorogation du délai légal. Dans l'hypothèse qui nous occupe, la veuve n'est pas tenue de faire inventaire; mais nous verrons plus loin qu'elle a un grand intérêt à le faire.

La veuve, quel que soit le parti qu'elle prenne, jouit, au cas de dissolution de la communauté par la mort de son mari, du droit de prendre sur les biens communs, son deuil, son logement, sa subsistance, ceux de ses enfants et de ses domestiques, jusqu'à l'expiration du délai légal pour faire inventaire et délibérer. Ce droit est personnel, c'est-à-dire qu'il ne passe point à ses héritiers.

§ 2.

Des effets de l'acceptation.

L'acceptation confirme chez la femme sa qualité de co-propriétaire des biens, et lui donne le droit de prendre sa part de l'actif de la communauté, et lui impose l'obligation de supporter sa part contributive du passif.

Les effets de l'acceptation remontent au jour de la dissolution ; d'où il suit : 1º que les fruits et revenus perçus depuis cette époque doivent être compris dans la masse partageable ; 2º que les actes de disposition d'objets communs faits par le mari depuis la dissolution, ne tiennent pas, à moins que ceux-ci ne tombent dans son lot.

Pour procéder au partage du fonds commun, il faut avant tout procéder au rapport des récompenses dues à la communauté par les époux, et aux reprises que ces mêmes époux peuvent avoir à exercer.

Chaque époux est tenu au rapport de tout ce qu'il doit à la communauté. Il semble, il est vrai, qu'une libération réciproque et par voie de compensation entre ce qui est dû à la communauté par le mari et ce qui lui est dû par la femme, libérerait mutuellement les époux d'une manière plus simple que le rapport ; ce mode, en effet, ne présente pas d'inconvénients, et est préférable, vu sa simplicité, dans le cas où chaque époux aurait à rapporter une somme égale. Mais, la femme ayant le droit d'exercer ses créances sur les biens du mari en cas d'insuffisance des biens communs, la libération par voie de compensation serait très-préjudiciable au mari , dans le cas de rapports inégaux à faire par les époux ; aussi la loi adopte-t-elle comme principe l'obligation du rapport.

§ 3.

Du partage de l'actif.

Sur la masse partageable, comprenant les biens communs et les biens propres des époux, chacun des conjoints prélève : 1° ses biens propres mobiliers ou immobiliers, les biens acquis en remploi de propres aliénés; 2° le montant de toutes les indemnités que peut lui devoir la communauté.

La femme est préférée au mari, pour le prélèvement des récompenses ou indemnités qui lui sont dues par la communauté; mais là ne s'est pas arrêtée la faveur de la loi; non contente de lui accorder le droit d'exercer cette classe de reprises avant le mari, elle a voulu qu'en cas d'insuffisance des biens communs, elle s'en fît payer sur les biens personnels du mari, tandis que celui-ci ne peut s'en couvrir que sur les biens de la communauté. Ces reprises s'exercent, d'abord sur l'argent comptant, ensuite sur le mobilier, enfin subsidiairement sur les immeubles de la communauté. Chaque conjoint peut sur les meubles, comme sur les immeubles, choisir les biens qu'il lui plaît; s'il n'y a pas d'accord entre eux sur leur valeur, le prix en sera réglé par expert.

La dissolution prive la communauté de son chef, d'un représentant légal, par qui ou contre qui les actions puissent être dirigées; aussi la loi fait-elle courir de plein droit et sans demande, à compter du jour de la dissolution, l'intérêt des récompenses dues par les époux à l'être moral, ou par l'être moral aux époux.

Il n'en est pas de même, des sommes dues à un époux par son conjoint; ce ne sont là que des créances ordinaires régies par des principes généraux et ne produisant intérêt que du jour de la demande en justice.

Du reste ces indemnités, qui ne peuvent être poursuivies contre l'un ou l'autre des époux , qu'après la dissolution de la communauté , ne doivent être comprises dans la masse commune comme les premières.

Après les rapports et reprises, l'actif de la communauté se partage, à moins de stipulation contraire dans le contrat de mariage, par moitié entre les deux époux. Toutefois, celui qui a diverti ou recélé des objets communs, est privé de sa moitié dans ces objets, non-seulement en sa qualité de communiste, mais à tout autre titre, comme légataire ou donataire de son conjoint. Cette privation étant une pénalité civile, pénalité du fait lui-même, le conjoint l'encourt par cela seul qu'il a agi avec discernement, nonobstant sa minorité.

Le partage de la communauté reste soumis aux règles établies par la loi, pour les formes et les effets du partage des successions ; il sera quant à ses effets purement déclaratif, c'est-à-dire, que chaque époux sera réputé propriétaire des biens échus à son lot, depuis le jour de la formation de la communauté, puisque c'est de cette époque que date l'indivision ; il devra se faire en justice si parmi les copartageants il y a des mineurs, des interdits et de absents ; il sera soumis aux règles concernant la garantie et la rescision. Permettrons-nous cependant aux cohéritiers d'exclure du partage le cessionnaire des droits successifs de son cohéritier en lui remboursant le prix de sa cession ; permettrons-nous aux créanciers de la communauté de demander la séparation des patrimoines ? Ce serait ajouter à la loi, puisque l'article 1476 ne parle que des formes et des effets du partage.

§ 4.

Du partage du passif.

Les règles qui déterminent de quelle manière les époux sont, après le partage de l'actif de la communauté, tenus du paiement des dettes communes, varient selon que l'on envisage la position des époux vis à vis des créanciers, ou à l'égard l'un de l'autre.

Relativement à la manière dont les époux sont tenus des dettes communes envers les créanciers, il faut distinguer en quelle qualité ils sont actionnés. Est-ce comme débiteurs, ils sont tenus pour le tout; est-ce comme époux communs, il ne le sont que pour moitié. Ainsi les dettes procédant du chef du mari, peuvent se poursuivre pour le tout contre lui, parce que vis à vis des créanciers sa qualité d'époux commun n'a pu diminuer ses obligations ; puis contre la femme pour moitié seulement, parce qu'elle n'est tenue que comme commune. Celles provenant du chef de la femme peuvent se poursuivre contre elle pour le tout, contre son mari, pour la moitié comme époux commun. Les deux époux se sont-ils obligés solidairement, chacun peut être poursuivi pour le tout; se sont ils obligés conjointement mais sans solidarité, la femme ne peut être poursuivie que pour moitié, mais ce n'est plus en qualité de commune qu'elle est tenue, c'est comme personnellement obligée : le mari peut être poursuivi pour le tout, parce que l'intervention de sa femme n'a pas diminué son obligation, elle ne l'a pas partagée, elle n'a fait que la garantir Quant aux dettes, pour lesquelles la femme oppose son bénéfice d'inventaire, les dettes communes peuvent seules rentrer dans cette catégorie, elles ne se poursuivent contre la femme que dans la mesure de son émolument, au lieu de moitié, et contre le mari pour tout le surplus.

Quant à la part contributoire à supporter définitivement par les époux entr'eux, elle peut être réglée par leur convention ; à défaut de stipulation sur ce point, chaque conjoint contribue pour moitié, sauf toutefois l'application , s'il y a lieu, du bénéfice particulier à la femme. Celle-ci peut, dans le cas où la moitié du passif dépasserait la valeur de ce qu'elle a pris dans l'actif, ne contribuer aux dettes que jusqu'à concurrence de cette valeur, le surplus retombant à la charge du mari. Quand l'un d'eux, par l'effet de l'hypothèque qui grevait l'immeuble échu à son lot, ou sur la poursuite des créanciers, a payé au-delà de la mesure ci-dessus fixée, il a un recours contre son conjoint pour la portion qui excède cette mesure.

Pour que la femme n'ait à supporter les dettes de la communauté que jusqu'à concurrence de son émolument, il faut qu'elle ait réglièrement fait faire dans le délai de trois mois l'inventaire de la communauté fidèle et exact, et par elle affirmé tel, et qu'elle rende compte des biens non inventoriés, des immeubles, par exemple. A cette condition, le bénéfice existe pour la femme vis à-vis du mari pour la contribution aux dettes, vis-à-vis des créanciers pour l'obligation de répondre à leurs poursuites. Ce bénéfice est opposable au mari pour toutes les dettes tombées à la charge de la communauté, aux créanciers pour celles seulement dont la femme n'est tenue qu'en sa qualité de commune et sans y être obligée personnellement.

Que si la femme ne réunissait pas les conditions ci-dessus, elle serait tenue de contribuer aux dettes pour moitié, alors même que son émolument serait moindre que cette moitié des dettes.

L'émolument qui, dans le cas du bénéfice d'inventaire, donne la mesure de la part contributoire de la femme, comprend tout ce qu'elle a tiré de la communauté, c'est-à-dire, tout ce qui est tombé dans son lot par l'effet du partage, déduction faite de ses reprises et récompenses. Pour fixer l'importance des différents biens qui lui sont échus, on les estime d'après leur état et leur valeur au jour du partage.

Quoique le bénéfice d'inventaire dont il s'agit, ressemble beaucoup à celui des héritiers en cas de succession, il en diffère cependant : d'une part, il existe de plein droit et n'a pas besoin d'une déclaration au greffe; d'autre part, il n'empêche pas la confusion des biens communs avec les biens propres de la femme. D'où il suit que la femme qui aliène les immeubles de la communauté sans formalité aucune n'est pas déchue du bénéfice d'inventaire; que si elle n'est tenue que dans la mesure de son émolument, elle n'en peut pas moins dans cette mesure, être poursuivie sur la totalité des biens, et ne peut jamais se libérer en abandonnant en nature des objets qu'elle a tirés de la communauté.

§ 5.

Des effets de la renonciation.

Nous parlerons d'abord des effets de la renonciation entre la femme et son mari, puis des mêmes effets entre la femme et les créanciers.

Par la renonciation, la femme devient tout-à-fait étrangère à la communauté, elle perd tout droit sur les biens communs, qui deviennent la propriété exclusive du mari. Elle reprend ses propres, le prix des propres vendus, non confondus dans la caisse commune, et conserve contre son mari une créance pour se faire rembourser les indemnités à elle dues par le mari ou par la communauté. Comme elle n'est ici que simple créancière, elle n'a droit qu'à un paiement en argent, et l'intérêt de ses créances ne court que du jour de la demande. Quoique la communauté appartienne en entier au mari, la loi, par un motif d'humanité, permet à la femme de retirer les vêtements et linges à son usage ; ce droit lui est personnel et ne passe point à ses héritiers.

La femme renonçante n'a rien à supporter dans les dettes de la communauté, et si elle se trouvait soumise à l'obligation d'en payer quelqu'une, non comme commune, puisqu'elle ne peut être poursuivie à ce titre, sa renonciation s'y oppose, mais comme étant personnellement engagée, elle aurait son recours pour le tout contre le mari.

POSITIONS.

I. La femme qui exerce ses reprises conformément aux articles 1471 et 1472, agit-elle en qualité de propriétaire ou de créancière ? — En qualité de créancière.

II. Quand la dissolution de la communauté, étant arrivée du vivant de la femme, celle-ci vient ensuite à mourir avant d'avoir opté, le droit d'option, non exercé par elle, qu'elle transmet à ses héritiers, pourra-t-il être, par eux, exercé divisément ? — Non.

III. Le mari qui ne peut jamais de son chef renoncer à la communauté, le peut-il en cas exceptionnel, où il est ayant-cause de sa femme, légataire universel, par exemple ? — Non.

Procédure Civile.

Des reprises d'instance et constitution de nouvel avoué.

Une idée, bien simple et bien juste en même temps, sert de fondement à la rédaction de notre titre : c'est que, nul ne doit être jugé ni condamné sans avoir été entendu, sans avoir pu présenter ses défenses. Dans le cours d'un procès, l'une des parties vient à mourir, elle vient à perdre son avoué, ce représentant nécessaire et légal; la voilà dans l'impossibilité de se défendre, l'instance doit être interrompue en règle générale, elle le sera, en effet. Nous ajoutons ce dernier tempérament, parce que la mort d'une des parties, la cessation des fonctions ou la mort de son avoué ne sont pas dans tous les cas des causes interruptives d'instance. Une importante distinction est à faire à cet égard, suivant que l'un de ces événements est arrivé avant ou après que l'affaire fût en état.

L'affaire est en état, dit l'art. 343, lorsque les conclusions ont été

3

contradictoirement prises à l'audience , bien que les avocats n'aient pas encore commencé leurs plaidoiries : dans les procès qui s'instruisent par écrit , la cause sera en état, quand l'instruction sera complète, ou quand les délais pour les productions et reprises seront expirés. L'affaire étant en état, il n'est plus utile de différer le jugement , le principe sacré de la liberté de la défense ne reçoit aucune atteinte , puisque les juges ont dans leurs mains tous les documents nécessaires pour trancher le litige ; dans ce cas, en effet, ni le décès des parties, ni la cessation des fonctions de leurs avoués n'arrêteront le cours de l'affaire (342). Mais il n'en est pas de même lorsque elle n'est pas en état (344). Dans ce cas, deux causes mettront l'affaire hors de droit :

1º Le décès de l'une des parties ;

2º La cessation des fonctions de leurs avoués.

Entre ces deux causes d'interruption, il y a une importante distinction à faire ; c'est que la première n'interrompt pas de droit, et par elle-même, l'instance dans laquelle elle survient , puisque les procédures et les jugements ne cesseront d'être valables qu'à partir de la notification du décès faite à l'autre partie : tandis que aucune notification à l'avoué adverse n'est nécessaire , lors du décès , de la démission ou destitution de l'avoué , la loi présumant qu'un tel événement est bien vite connu au palais.

Le changement d'état des parties, la cessation des fonctions dans lesquelles elles procédaient empêcheront-elles la continuation des procédures? Non. (345.) En effet, il était impossible de trouver dans cette hypothèse les mêmes raisons de décider qu'au cas de mort d'une des parties ou de cessation de fonctions de leur représentant, la liberté de la défense n'est pas ici menacée.

Parce qu'une fille majeure se mariera, parce qu'un mineur deviendra majeur, leurs intérêts ne resteront pas sans défense : le mari de la fille majeure devenue épouse, le mineur devenu majeur, sauront bien les soutenir.

Le § 2 de notre article fait deux exceptions à cette règle : le demandeur change d'état avant que le défendeur ait constitué avoué; ainsi, une fille majeure ayant ouvert une instance contre *Secundus* par un ajournement, se marie avant que *Secundus* ait constitué avoué, les délais de l'art. 67 n'étant pas encore expirés; on suppose que si le défendeur ne constitue pas avoué, c'est qu'il pense que le demandeur renonce à donner suite à l'instance. C'est pour détruire cette supposition qu'il faut l'assigner de nouveau. De même, le demandeur meurt après avoir assigné *Secundus*, et avant que celui-ci ait comparu, *Secundus* peut croire que les héritiers du demandeur renoncent à poursuivre le cours de l'instance ouverte par leur auteur. La loi reconnaît raisonnable cette pensée, et exige qu'itératif ajournement lui soit signifié par les héritiers, faute duquel ceux-ci ne pourront obtenir contre leur adversaire jugement par défaut. Quant au premier ajournement, il reste valable et produit tous ses effets : il fait courir les intérêts, interrompt la prescription; il reste si bien valable, que le défendeur peut, sans attendre une nouvelle assignation, constituer avoué et suivre immédiatement l'audience.

Quand l'instance a été mise hors de droit, dans les deux hypothèses de l'art. 344, que doit faire la partie qui veut sortir de cet état? Assigner en reprise d'instance ou en constitution de nouvel avoué l'autre partie. L'assignation doit être donnée aux délais ordinaires, avec indication des avoués qui occupaient et du rapporteur, s'il y en a.

La partie assignée en reprise consent-elle à cette reprise, elle constitue nouvel avoué, et notifie cette constitution.

Conteste-t-elle cette reprise ? prétend-elle, par exemple, si elle est héritière, que les délais de trois mois et de quarante jours pour faire inventaire et délibérer ne sont pas expirés, l'incident sera jugé sommairement.

Ne comparaît-elle pas ? il sera rendu un jugement qui ordonnera que la cause soit reprise suivant les derniers errements, que les délais, interrompus jusques-là, reprennent leur cours aussitôt après la signification du jugement. Ce complément de délai expiré, le demandeur pourra poursuivre le jugement du fond.

Le jugement par défaut intervenu sur la demande en reprise, sera signifié par huissier commis, à peine de nullité.

Ce jugement par défaut, est comme tout autre susceptible d'opposition, et l'opposition doit être portée à l'audience même dans les affaires en rapport. Jusqu'à quelle époque l'opposition est-elle recevable? Elle l'est jusqu'à l'expiration de la huitaine qui suit la signification à personne ou à domicile, puisque jusqu'à cette époque les poursuites ne peuvent pas être continuées. Elle l'est aussi après cette époque s'il n'a pas été fait de nouveaux actes dans l'instance, puisque alors le jugement n'a pas été exécuté. Mais le sera-t-elle encore quand ce jugement aura été exécuté par la continuation des poursuites? Non, l'article 158 est formel, il n'admet pas d'opposition après l'exécution consommée.

De la reprise spontanée.

Nous avons vu que la partie citée en reprise ou en constitution de nouvel avoué peut consentir par un seul acte à la reprise et qu'alors il est inutile de faire rendre un jugement. Elle peut aussi, sans attendre de citations, reprendre spontanément l'instance ou constituer nouvel avoué, et dès lors, la partie adverse doit continuer ses poursuites contre la nouvelle partie dont la qualité lui a été dénoncée.

POSITIONS.

I. L'instance est-elle interrompue par la révocation que fait l'une des parties de son avoué, ou par la renonciation de celui ci ? — Non.. Dans ces deux cas l'avoué reste le représentant passif de son client.

II. Si de deux parties citées en reprise l'une comparait et que l'autre ne comparaisse pas, y a-t-il lieu à la jonction du défaut ? — Oui.

III. Les successeurs particuliers peuvent-ils reprendre spontanément l'instance ? — Non.

Droit Criminel.

De l'audition des témoins devant la Cour d'Assises et de la répression du faux témoignage.

L'audition des témoins commence les débats, et en forme la partie la plus essentielle. Nous examinerons :

1º Quelles sont les conditions requises pour être témoin.

Il faut d'abord que le nom du témoin ait été notifié, ainsi que sa profession et sa résidence, vingt quatre heures au moins avant l'examen à l'accusé par le procureur-général ou la partie civile, et au procureur-général par l'accusé ; l'accusé et le procureur-général pourront s'opposer à l'audition de tout témoin qui n'a pas été indiqué ou qui n'a pas été clairement désigné dans l'acte de notification.

Les témoins produits par le procureur-général ou par l'accusé doivent être entendus dans le débat, lors même qu'ils n'ont pas préalablement déposé par écrit, et qu'ils n'ont pas reçu non plus aucune assignation, pourvu que la notification de leurs noms ait été faite conformément à l'art. 315.

2° La seconde condition, c'est de n'être frappé d'aucune incapacité. Les incapacités de déposer sont absolues ou relatives. L'incapacité des condamnés à des peines afflictives ou infamantes pendant la durée de leur peine est absolue, comme celle des condamnés correctionnellement à qui la loi dans certains cas a ôté le droit de témoigner en justice, autrement que pour y fournir de simples renseignements.

Les articles 322, 323 déterminent des incapacités relatives, résultant tantôt de la parenté et de l'alliance du témoin avec l'accusé, tantôt de la qualité de dénonciateur.— Le président peut toujours, en vertu de son pouvoir discrétionnaire, et sans prestation de serment, faire entendre les personnes dont les articles 322, 323 défendent de recevoir les témoignages.

Avant le commencement des dépositions, le président ordonne aux témoins de se retirer dans une chambre qui leur est destinée, et ils n'en doivent sortir que pour déposer. Il peut, s'il est besoin, prendre des mesures pour les empêcher de conférer entre eux avant leur déposition. Si l'un d'eux est resté dans l'auditoire pendant la déposition d'un témoin précédent, le procureur-général ou l'accusé peuvent s'opposer à son audition, mais la cour peut passer outre.

On entend d'abord les témoins produits par le procureur-général ou la partie civile; et c'est au procureur général à indiquer l'ordre dans lequel ils seront appelés. On entend ensuite ceux produits par l'accusé.

Il n'y aurait pas nullité toutefois si quelques témoins produits par l'accusé n'avaient été entendus qu'après ceux de la défense, à moins que l'accusé n'ait réclamé, auquel cas la nullité existerait assurément.

Quand il y a plusieurs accusés, c'est au président à déterminer celui qui doit être le premier soumis aux débats, en commençant par le principal accusé, s'il y en a un, et il s'établit ensuite un débat particulier pour chacun des autres accusés.

Les témoins déposeront séparément l'un de l'autre, oralement et dans l'ordre établi par le procureur-général, prestation de serment préalablement faite. Chaque témoin, après sa déposition, doit rester dans l'auditoire, si le président n'en a ordonné autrement, jusqu'à ce que les jurés se soient retirés pour donner leur déclaration.

Le président ne peut, de sa seule autorité, permettre au témoin de se retirer, encore qu'il pense qu'il n'y ait pas lieu de le rappeler. Un tel pouvoir serait la négation de l'art. 326, qui dispose que le procureur-général et l'accusé peuvent rappeler un témoin pour lui adresser de nouvelles interpellations.

De la manière dont sont reçues les dépositions.

La première des formalités des dépositions, c'est le serment, qui doit être prêté de la manière prescrite par la loi, en ne rien omettant de ce qu'elle exige ; le procès-verbal devra faire mention de l'accomplissement de ces formalités. Le serment prêté, le président doit demander au témoin ses nom, prénoms, âge, profession, domicile, s'il connaît l'accusé, s'il est son parent ou allié, à quel degré ; s'il est parent ou allié de la partie civile, s'il n'est pas serviteur de l'un ou de l'autre.

Après la déposition du témoin, on donne connaissance aux jurés de sa déposition antérieure devant le juge d'instruction, afin de faire ressortir leur harmonie ou leur différence. S'il y a des changements, le président en fait tenir note par le greffier ; le procureur général et l'accusé pourront requérir le président de faire prendre note de ces changements.

Les témoins, par quelques parties qu'ils soient produits, ne pourront jamais s'interpeller entr'eux.

Après qu'un témoin a déposé, l'accusé peut demander que d'autres témoins par lui désignés se retirent de l'auditoire, et qu'un ou plusieurs d'entr'eux soient introduits et entendus de nouveau, soit séparément, soit en présence les uns des autres. Le procureur-général aura la même faculté ; le président pourra même l'ordonner d'office. L'article 327 accorde au président, mais au président seul, un droit analogue vis-à-vis des accusés ; mais, si faisant retirer l'accusé il le rappelle ensuite, il doit lui faire part de ce qui s'est passé en son absence, après l'avoir interrogé.

Le greffier, sauf le cas prévu par l'art. 318, ne doit pas transcrire les dépositions des témoins ; mais les jurés, le procureur-général et les juges pourront prendre note de ce qui leur paraîtra important, soit dans les dépositions des témoins, soit dans la défense de l'accusé, pourvu que la discussion n'en soit pas interrompue.

Dans le cours ou à la suite des dépositions, le président fera représenter à l'accusé toutes les pièces relatives au délit, et pouvant servir à conviction ; il l'interpellera de répondre personnellement s'il les reconnaît : le président les fera aussi représenter aux témoins, s'il y a lieu.

Du cas où la déposition d'un témoin paraît fausse.

Si, d'après les débats, la déposition d'un témoin paraît fausse, le président pourra, soit sur la réquisition du procureur général, soit de la partie civile, soit de l'accusé, et même d'office, faire mettre le témoin en état d'arrestation. Dans ce cas le procureur général, la partie civile, ou l'accusé, pourront immédiatement requérir, et la cour ordonner, le renvoi de l'affaire à la prochaine session. Le droit de faire mettre le témoin en état d'arrestation, n'appartient pas à la cour d'assises, il n'appartient qu'au président, qui n'est pas tenu d'adhérer à la demande du procureur général, de la partie civile, ou de l'accusé ; le président ne peut d'ailleurs ordonner l'arrestation avant que le témoin ait terminé sa déposition ; au lieu d'ordonner l'arrestation, le président peut mettre le témoin en surveillance pendant tout le cours des débats. Le témoin est-il arrêté, l'affaire ne sera pas toujours renvoyée, parce que la cour n'est pas tenue d'obtempérer à la demande de renvoi. L'accusé a-t-il été condamné, la sentence qui le frappe, ne pourra être exécutée, si le témoin était à charge, que lorsque aura été vidée l'accusation de faux témoignage. (445).

De la répression du faux témoignage.

(Art. 361, C. P.)

Le faux témoignage n'est puni par la loi, que lorsqu'il a été porté contre l'accusé, ou en sa faveur (art. 361) ; et comme les dépositions qui se font devant le juge d'instruction, n'ont que le caractère d'un simple renseignement, destiné à éclairer et à guider l'accusation, qui ne peut influer sur le sort de l'accusé ; il faut que le faux témoignage ait été porté dans le cours des débats, et postérieurement à l'arrêt de mise en accusation, alors que la procédure secrète est complète.

D'ailleurs la fausseté du témoignage n'est pas irrévocable, le crime n'est pas consommé, puisque la déposition pourra être rétractée.

De ce qu'il n'y a pas crime, tant que la déposition n'est pas irrévocable, nous devrons conclure que le témoin qui, même dans le cours des débats, fait une déposition mensongère, ne peut être poursuivi comme faux témoin s'il se rétracte avant la clôture des débats. Ce n'est, en effet, qu'alors que le crime sera consommé, le mal irrémédiable, puisque le témoin n'a plus la faculté de modifier sa déposition.

Ainsi l'altération de la vérité dans une déposition faite en justice, et la possibilité d'un dommage par suite de cette altération, tels sont les deux éléments du crime de faux témoignage ; mais il n'y a pas de crime sans intention, il faut donc ajouter aux deux éléments constitutifs du crime de faux témoignage, le dol, c'est-à-dire l'intention de fausser sciemment la vérité.

Le Code n'a établi aucune distinction entre le faux témoignage commis en faveur du prévenu ou à son préjudice, l'un et l'autre sont punis de la peine des travaux forcés ; cependant il y a plus de perversité dans le cœur de l'homme qui se parjure pour vouer son semblable à l'infamie, que dans le cœur de celui qui, par bienveillance ou faiblesse de caractère, cherche à ravir un coupable à la peine qu'il a méritée.

Aussi le Code a-t-il fait une exception au principe général émis dans le premier paragraphe de l'art. 361, et n'a-t-il prononcé la peine de mort ou celle des travaux forcés à perpétuité, que contre le témoin dont la déposition mensongère a été dirigée contre un accusé condamné à l'une de ces peines.

POSITIONS.

I. La partie civile peut-elle, malgré l'opposition de l'accusé, faire entendre des témoins non assignés, mais dont le nom aurait été signifié vingt-quatre heures avant l'examen? — Non.

II. Des dénonciateurs ont été entendus en témoignage, et le jury n'a pas été averti de leur qualité de dénonciateurs : cette omission entraîne-t-elle nullité? — Non.

III. Dans le cas de prévention de faux témoignage, la cour d'assises doit-elle préciser au jury la double question de savoir si le faux témoignage a été porté, soit contre l'accusé, soit en sa faveur? — Oui.

Cette Thèse sera soutenue, en séance publique, dans une des salles de la Faculté, le

Vu par le Président de la Thèse,

CHAUVEAU-ADOLPHE.

Toulouse, Imprimerie Troyes Ouvriers Réunis, imp.-Lib., rue Saint-Pantaléon.